AF384667

IMPRIMERIE E. PLON ET C\ie

SOUVENIR

DU 20 OCTOBRE 1877

PARIS

TYPOGRAPHIE DE E. PLON ET C\ie
RUE GARANCIÈRE, 8.

IMPRIMERIE E. PLON ET Cie

SOUVENIR

DU 20 OCTOBRE 1877

PARIS

TYPOGRAPHIE DE E. PLON ET Cie
RUE GARANCIÈRE, 8

EXTRAIT

BULLETIN DE L'JMPRIMERIE

L E *Journal officiel* du 15 octobre 1877 renfermait le décret[1] de nomination de M. Eugène Plon au grade de chevalier de la Légion d'honneur.

Tous les amis de M. Plon, le digne continuateur des traditions paternelles, à la tête

[1] « Par décret en date du 13 octobre 1877, rendu sur le rapport du ministre de l'agriculture et du commerce, conformément à l'avis du conseil de l'ordre, a été nommé dans l'ordre national de la Légion d'honneur :

Au grade de chevalier :

» M. Plon (Eugène), imprimeur-éditeur à Paris, propriétaire et directeur d'une des imprimeries les plus considérables de France, membre de la Chambre des imprimeurs, vice-président du Cercle de la librairie. Services importants rendus au commerce et à l'industrie dans l'exercice de sa profession. »   *(Journal officiel, 15 octobre 1877.)*

de l'importante Maison qui tient une place élevée parmi les imprimeries d'élite, ont applaudi à une récompense si justement méritée. Le public lettré s'est senti heureux de la décoration que l'État accordait à **M.** Plon, dont les publications de choix ont acquis une renommée durable auprès des savants, des amateurs et des artistes de France et d'Europe.

Il semblait que dans l'honneur qui était fait à **M.** Eugène Plon, le Gouvernement, juste appréciateur des efforts et du talent, eût eu la pensée de rappeler le souvenir de Henri Plon, qui lui aussi avait été fait chevalier de la Légion d'honneur, et qu'une mort prématurée, présente encore à toutes les mémoires, n'a pas permis d'élever au grade d'officier dans cette armée où tous les citoyens capables peuvent aspirer à un rang supérieur, dès lors qu'ils servent loyalement la patrie française. L'industrie, le commerce, les lettres ont leurs dynasties; et les fils qui se souviennent de leurs pères, ceux qui marchent dans le même sentier, recueillent parfois le prix du labeur paternel et celui de leur propre mérite dans une même distinction. Honneur à ceux-là dont la réputation présente s'appuie sur un illustre passé. Des traditions de travail, d'intelligence, de loyauté sont un patrimoine dont il est permis d'être fier.

Les nombreux ouvriers et employés de MM. E. Plon et Cie l'ont compris. Dès le 15 octobre, lorsque M. Plon parcourut ses ateliers selon sa coutume, il trouva son personnel groupé sur un même point autour d'un arbuste aux branches duquel était suspendue la croix d'honneur acquise, le matin même, à l'aide d'une souscription spontanément organisée.

Touché de la délicatesse et de l'empressement avec lesquels employés et ouvriers avaient tenu à lui marquer leur joie, M. Eugène Plon les remercia en quelques mots émus, se proposant de réunir prochainement tous ses collaborateurs, auxquels il était heureux de pouvoir donner une fois de plus le titre d'amis.

Le samedi 20 octobre, à sept heures du soir, deux cents personnes, comprenant depuis les protes jusqu'aux apprentis, répondaient à l'invitation de M. Eugène Plon, qui les avait convoqués à la salle Ragache, rue Lecourbe, où il les attendait, entouré de ses dignes associés, MM. Nourrit et Perrin.

Le menu du repas, imprimé avec le luxe typographique dont on a le secret chez **M.** Plon, était déposé à la place de chacun des convives. Leurs noms se trouvaient inscrits sur des cartes symboliques dont le sens n'était pas sans relation avec le caractère ou les fonctions des invités.

La table fut présidée par le nouveau légionnaire, ayant à sa droite le doyen des metteurs en pages, à sa gauche le plus ancien des conducteurs des presses, et en face de lui **M.** Charles Plon, son oncle paternel, dernier survivant des chefs de la Maison qui s'appelait, il y a quelque trente ans, l'Imprimerie Plon frères.

La table ayant deux ailes en retour, au milieu de celle de droite avait pris place **M.** Robert Nourrit, beau-frère de **M.** Plon et l'un de ses associés, ayant en face de lui le prote de la composition. A l'aile de gauche siégeait également **M.** Émile Perrin, le second associé de **M.** Plon. Le prote aux presses lui faisait vis-à-vis.

Une gaieté cordiale ne cessa de régner pendant le repas. Toutefois, une certaine réserve, une dignité simple et ouverte laissaient deviner le motif sérieux de la réunion. Rien de banal ne pouvait trouver place dans ce banquet, où les maîtres se proposaient de reporter une part de l'honneur qui leur est fait sur ceux qui ont été leurs auxiliaires dévoués; où les ouvriers se proposaient de redire à leurs maîtres combien ils s'estiment heureux de la concorde, de la bienveillance et de la sollicitude dont ils jouissent chez M. Plon.

A la fin du banquet, les toasts eurent leur place.

Ce fut d'abord le doyen des ouvriers de la Maison, M. Allard, qui prit la parole en ces termes :

Cher Maître,

ermettez-nous de vous remercier de la gracieuse invitation que vous avez bien voulu nous faire et qui nous fournit à tous, aujourd'hui cordialement groupés autour de vous, l'occasion de vous exprimer une fois de plus combien nous avons été heureux, lundi dernier, en apprenant la nouvelle de la haute distinction qui venait de vous être conférée.

La fête qui nous réunit en ce moment n'est pas la première de ce genre pour votre Maison. Le 8 janvier 1859, en effet, les collaborateurs, les employés, les ouvriers et des amis intimes de M. Henri Plon, votre honorable et regretté père, célébrant votre entrée officielle dans la carrière typographique, rappelaient la juste récompense obtenue en 1851 par le fondateur de l'établissement dont vous alliez avoir à partager la direction, et ils en faisaient pour vous le présage des succès dont nous fêtons aujourd'hui la consécration.

Ce présage, vous l'avez pleinement confirmé. Non-seulement cette Maison que vous a léguée votre père, vous l'avez maintenue au rang élevé où il l'avait placée, mais encore, par votre intelligence et votre activité, vous en avez augmenté l'importance.

S'il est vrai, comme vous avez bien voulu nous le dire il y a quelques jours, que notre zèle à vous seconder dans la mesure de nos moyens a pu contribuer pour quelque chose à cet heureux résultat, permettez-nous d'en être fiers, et de vous exprimer notre gratitude pour le témoignage flatteur que vous nous en avez rendu avec une spontanéité si généreuse.

Recevez encore, cher Maître, l'expression de

notre reconnaissance pour la bienveillance dont vous avez toujours fait preuve à l'égard de tous ceux qui vous entourent, et auxquels n'a jamais manqué votre appui quand il s'est agi de faire respecter et de défendre leurs intérêts.

Les sentiments que nous venons d'exprimer, nous en faisons également hommage à vos dignes associés, pour lesquels, comme pour vous, cher Maître, nous éprouvons le plus affectueux respect, et nous vous prions de croire tous les trois, pour l'avenir comme pour le passé, à notre entier dévouement.

A la suite de ce premier discours, dans lequel il est fait allusion avec tant de tact et de mesure à l'appui que MM. Plon se sont toujours montrés heureux de donner à leurs ouvriers et à la sympathie avec laquelle ils se sont constamment occupés de leurs intérêts, M. Eugène Plon a embrassé M. Allard, à titre de doyen des typographes présents.

Puis, M. Thuillier, chef de la librairie, s'est exprimé ainsi :

MONSIEUR ET CHER PATRON,

E suis heureux, au nom des employés de la librairie, et en mon nom personnel, de joindre notre témoignage d'affection à ceux qui viennent déjà de vous être exprimés.

Plus jeunes, pour la plupart, et par conséquent moins anciens dans la Maison, nous ne pouvons faire remonter nos souvenirs à une époque éloignée; le temps que nous y avons passé nous suffit cependant pour attester son succès croissant et soutenu, dû à l'intelligence apportée dans le choix des ouvrages et à la perfection de leur exécution.

La haute distinction qui vient de vous être accordée n'a donc pas été une surprise pour nous; elle n'a fait que réaliser nos espérances, et c'est avec un grand bonheur que j'ai l'honneur de proposer à tous vos collaborateurs et amis ici présents de boire à votre santé, à celles de MM. Nourrit et Perrin, vos dignes associés, et à la prospérité de la Maison.

Des applaudissements répétés couvrirent les paroles de l'orateur. Il n'était que juste qu'un souvenir fût donné aux vastes et belles publications si vaillamment entreprises par MM. E. Plon et Cie. L'art militaire, la science, les beaux-arts, l'histoire, sont redevables à l'importante librairie de la rue Garancière de monuments hors ligne et impérissables.

A M. Thuillier succéda M. C. Morin, officier de l'instruction publique, attaché aux bureaux de la Maison, lequel porta le toast suivant :

Messieurs,

uand un général, après un haut fait d'armes, reçoit la croix de la Légion d'honneur, ses soldats en sont fiers, parce qu'ils savent qu'honorer le chef, c'est honorer le régiment.

C'est pourquoi, Messieurs, vous avez sujet de vous enorgueillir de la haute récompense qui vient d'être accordée à notre digne et affectionné patron.

Cette récompense, Messieurs, est noblement méritée. M. Eugène Plon la doit à ses qualités personnelles, à ses travaux littéraires, au zèle qu'il a mis à continuer et à perfectionner, avec l'aide de ses habiles associés, l'œuvre que lui a léguée son père, décoré lui aussi de la Légion d'honneur, et qui a laissé les plus précieux souvenirs parmi tous ceux qui l'ont connu.

Buvons, Messieurs, à la santé de notre hôte et à celle de sa famille.

Tous les assistants comprirent la pensée de M. Morin et, en acclamant ce toast, voulurent témoigner de leur profond respect pour le souvenir de leur ancien patron et pour sa veuve, madame Henri Plon.

Il appartenait à M. Morin de rappeler les titres littéraires de M. Eugène Plon. Tous les lettrés ont lu la grande et belle *Vie de Thorvaldsen,* parue en 1867, et parvenue aujourd'hui à sa septième édition ou traduction en langue allemande, anglaise et italienne.

Le statuaire danois, qu'on pourrait appeler l'Homère de la sculpture en ce siècle, a trouvé dans son historien français un critique autorisé non moins qu'indépendant, et, pour une fois, le mot de Beulé s'est trouvé démenti lorsqu'il a dit : « En France, le public ne

comprend pas la sculpture et ne l'aime pas. »
Les nombreux lecteurs de M. Plon protestent
contre le mot de Beulé. L'auteur de la *Vie de
Thorvaldsen* n'a pas limité son œuvre d'historien à ce premier travail : il a publié la
Vie de Bissen, un autre statuaire danois; et
l'exemple que donne M. Plon aux écrivains
d'art de notre temps, en essayant de popula-
riser l'histoire et les œuvres des maîtres étran-
gers, est vraiment digne des plus grands
éloges. Avons-nous besoin d'ajouter que le
Thorvaldsen et l'ouvrage qui lui sert de suite
sont édités avec un luxe qui accroît encore
leur valeur?

M. Chansselle, l'un des protes de la Maison, a prononcé les paroles suivantes :

MESSIEURS,

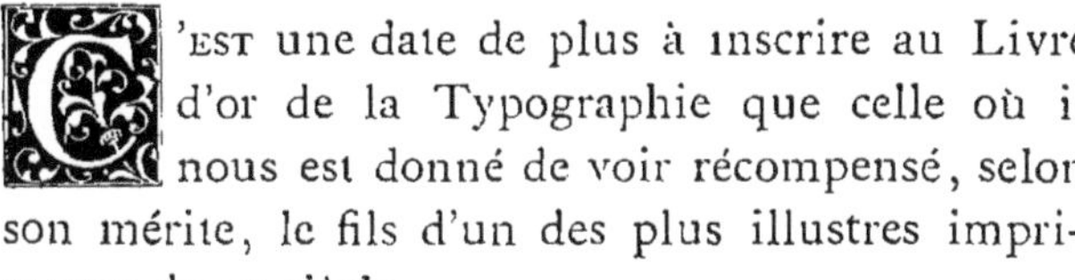

'EST une date de plus à inscrire au Livre
d'or de la Typographie que celle où il
nous est donné de voir récompensé, selon
son mérite, le fils d'un des plus illustres imprimeurs de ce siècle.

Notre corporation a le droit d'être fière d'un

honneur qui pour nous est l'occasion d'une fête de famille. Nous resserrons ici des liens de respect et d'intimité qui nous sont chers; en même temps nous puisons dans la circonstance qui nous rassemble un motif de plus d'aimer notre belle profession, qu'on a pu appeler quelquefois la première de toutes, parce qu'elle agit plus directement qu'aucune autre sur la pensée, sur l'intelligence des peuples.

Qu'il me soit donc permis, Messieurs, de porter un toast à M. Charles Plon, en ce moment au milieu de nous. Il est pour le passé le dernier représentant d'une grande génération de typographes dont la gloire ne sera pas moins durable que celle des Alde Manuce ou des Elzevir. « Je bois à M. Charles Plon ! »

Après ce juste hommage rendu au frère de Henri Plon, hommage auquel se sont associés les deux cents convives par des salves d'applaudissements, M. Eugène Plon a pris la parole :

ous comprenez, vous partagez, j'en suis certain, les sentiments qui m'animent au moment où je prends la parole au milieu de vous pour la première fois comme patron; quand je vous vois tous réunis autour de moi pour fêter la distinction qui vient de m'être décernée, non pas seulement pour quelques travaux littéraires personnels, mais encore et surtout pour ma part de direction dans les travaux de notre Maison, labeur auquel, dans des fonctions diverses, vous avez tous collaboré.

Il y a quelques jours à peine, avec un empressement qui m'a profondément touché, vous m'avez fait cette surprise très-heureuse de m'offrir dans l'atelier même, c'est-à-dire à la place la mieux choisie, des insignes qui tirent tout leur mérite de ce qu'ils sont considérés comme le prix du travail.

En vous remerciant de ce sympathique élan de vos cœurs, ma première pensée a été de me réjouir d'abord de retrouver parmi vous bon nombre des anciens collaborateurs, je puis dire des amis de mon père. Mais en même temps mon souvenir s'est aussi reporté vers tous ceux des nôtres qui, en plus grand nombre, hélas! nous manquent ici aujourd'hui; vers ce patron, Messieurs, que nous ne remplacerons pas, c'est à moi, l'un de ses successeurs, qu'il appartient de le dire ; vers ce père, dont je suis fier, et dont tous ceux de nous qui l'ont connu à l'œuvre sont certainement fiers avec moi.

Il m'était impossible, dans cette réunion de notre grande famille industrielle, de ne pas exprimer d'abord ce sentiment de douloureux regret que j'étais si certain de savoir partagé par vous.

Puisque ceux qui nous ont précédés ont laissé parmi nous un souvenir cher et vivant, qu'ils restent aussi nos guides et nos modèles dans les efforts que nous tentons chaque jour pour faire aussi bien qu'eux et même pour marcher en avant dans la voie du progrès, chaque génération ayant le devoir de ne pas demeurer stationnaire, mais d'augmenter toujours l'héritage des connaissances techniques que lui ont légué ses devancières.

D'heureuses innovations se produisent chaque jour dans la pratique de notre métier, je dois dire de notre art. Chacun de vous les apprécie et les connaît dans la branche qui lui est spéciale, et il les suit encore avec intérêt dans le labeur d'un camarade d'un atelier différent. Quelle variété, quel travail complexe, surtout dans une maison comme la nôtre, qui réunit à la librairie et à l'imprimerie la fonderie de caractères, la clicherie, et même une certaine spécialité de brochage.

Ce qu'est dans l'imprimerie la besogne person-
nelle du patron, vous le voyez dans nos rapports
journaliers. Ce qu'elle est dans son rôle d'éditeur,
vous pouvez ne pas vous en rendre aussi bien
compte, parce que c'est là un travail préparatoire
qui précède le vôtre.

Chacun étant justement content quand il lui
semble avoir bien fait sa besogne, chacun est bien
aise aussi, et c'est naturel, d'en dire un mot à ses
amis. Voilà pourquoi je désire, Messieurs, puisque
nous nous trouvons réunis ici en famille, vous
dire quelques mots très-courts du travail personnel
du patron dans son rôle d'éditeur.

Sans parler des ouvrages que nous concevons
et pour lesquels c'est nous qui allons chercher
l'auteur, tous les jours un grand nombre de ma-
nuscrits nous sont présentés. Dans ce monceau
d'œuvres, au moins médiocres pour la plupart,
nous avons à trier, à faire un choix pour y cueillir
celles qui ont quelque valeur : livres d'histoire ou
romans, voyages ou livres de droit, nous avons à
rechercher quel est leur mérite au point de vue
littéraire, ce qu'au fond ils valent scientifique-
ment, s'ils répondent enfin à un besoin ou à un
courant d'idées dans le public. Tout cela nécessite
un examen des plus sérieux. C'est un travail de
veillées qui se passe uniquement dans le cabinet.

Quand enfin nous avons déniché l'oiseau rare,

le bon manuscrit! nous nous trouvons un peu dans le cas du sculpteur dont parle la Fontaine. Il avait, lui, fait l'emplette d'un superbe bloc de marbre, et il se demandait ce qu'en ferait son ciseau :

Sera-t-il dieu, table ou cuvette?

Nous avons à nous demander, nous, si ce manuscrit doit prendre la forme d'un grand volume, s'il convient de l'illustrer avec plus ou moins de luxe, ou s'il doit se contenter d'un plus modeste format, d'une typographie plus courante.

Ces points décidés, nous appelons alors le prote, nous appelons vos collègues de la conscience, car il nous reste à combiner avec eux les questions de justification, de caractères, etc. C'est votre concours effectif qui commence alors, Messieurs. Ce qu'il est, vous le savez. Ayant vécu au milieu de vous depuis que j'ai quitté les bancs de l'École, je le sais aussi, et c'est parce que je puis en juger tout le mérite, parce que j'apprécie tout ce que, dans les branches variées de notre art, chacun de vous sait déployer de zèle, d'intelligence et d'habileté, que je suis, vous n'en doutez pas, sincèrement attaché de cœur à tous vos vrais intérêts.

Que vous dirais-je donc de ce travail de chacun de vous que vous ne sachiez comme moi? La bonne composition est la mère de la bonne correction. La précision la plus scrupuleuse, autant que le bon goût, doit présider à l'œuvre du metteur en pages. La lettre est d'approche, l'œil du cliché est pur; la forme bien serrée, bien lavée, arrive à la presse ou à la machine. C'est maintenant l'affaire du pressier ou du conducteur de nous en faire un beau tirage. Mais pour que les soins délicats qu'il a donnés à sa mise en train produisent tout leur résultat, encore faut-il que le papier ait été bien préparé la veille à la tremperie et bien glacé, sans être écrasé; que les rouleaux aient été bien fondus, et que la marche de la pompe soit régulière. Le margeur a placé sa feuille d'un œil attentif, le receveur avait les doigts propres!

Messieurs, enfin notre œuvre est donc achevée et parfaite. Pas encore. Si notre magasin n'était pas soigneux, on pourrait nous mettre nos feuilles en salade; nous devons veiller aussi à ce que la brocheuse les plie scrupuleusement folio sur folio et qu'elle se garde, d'un coup de plioir distrait, d'étaler l'encre encore fraîche au travers de la page, ce qui serait déshonorer le plus beau volume.

Quel concours de soins pour qu'un livre soit digne d'être présenté au bibliophile! Quand ce livre est terminé, chacun de vous a le droit de dire qu'il y a mis la main, qu'il a contribué pour sa part à le mettre au jour de la vitrine, et c'est bien quelque chose, car j'ai assez souvent entendu dire, par des amis bienveillants sans doute, que tous ces volumes, petits ou grands, ont entre eux un certain air de famille, et qu'on les reconnaît même de loin comme fils de bonne et honnête maison.

Les livres arrivés à la librairie, il faut songer à les faire parvenir à leur destination définitive, c'est-à-dire aux mains des lecteurs. Cela n'est pas toujours le plus facile de notre travail, même pour les meilleures publications. Ce que nous avons à faire, avec le concours de nos employés de la librairie, pour y réussir, je ne vous le dirai pas, parce que cela me mènerait trop loin et que je n'ai pas la prétention de vous faire ici une conférence. Mais je tiens beaucoup à vous dire encore un mot sur un point qui vous touche plus directement.

Parmi les marques nombreuses de sympathie que mes amis du dehors ont bien voulu, comme vous, Messieurs, me donner en cette circonstance, j'ai dû être particulièrement sensible aux compliments qui me sont venus de mes confrères. L'un d'eux, l'un des chefs de la plus grande maison de librairie de France, je puis dire de la plus importante librairie du monde, fut des premiers à venir me rendre visite, et si je crois devoir aujourd'hui vous signaler spécialement cette démarche amicale et de bonne confraternité, c'est que j'ai à cœur de vous donner votre part du compliment qu'il m'a expressément adressé sur la bonne exécution des travaux de notre imprimerie. Il avait été à même, en effet, d'apprécier le zèle avec lequel, soit dans les ateliers de la composition, soit dans ceux du tirage, les ouvriers de notre Maison s'efforcent de maintenir les meilleures traditions de notre art, et coopèrent ainsi à la production d'une œuvre typographique que les critiques les plus compétents et les plus sévères reconnaissent, paraît-il, toucher de près à la perfection.

Je me félicite qu'une appréciation aussi favorable nous soit venue d'un confrère aussi autorisé à nous juger, et vous comprendrez quelle vive satisfaction cela est pour moi que de vous la faire connaître.

J'ose donc espérer, Messieurs, que nous persévérerons longtemps ensemble dans cette heureuse voie, et que notre Maison pourra continuer, grâce à nos efforts collectifs, à prendre part, avec quelque honneur, aux grandes luttes pacifiques des arts et de l'industrie.

Je bois, Messieurs et amis, aux bons sentiments qui nous unissent!

Il nous serait difficile de rendre la joie, l'enthousiasme que firent éclater à maintes reprises ces paroles si droites, si confiantes et si chaleureuses. Plus d'une fois, la voix de l'orateur demeura couverte par les acclamations et les bravos de l'assistance. Il semblait que chaque mot trouvât dans le cœur de tous un écho toujours vibrant en parfaite harmonie avec les sentiments de M. Plon. Lorsque ce discours fut achevé, ce n'étaient de toutes parts que des mains tendues, des verres qui s'entre-choquaient, des applaudissements sans fin qui marquaient l'intensité d'une joie sincère et profonde.

A la suite du dîner, quelques jeunes filles du groupe de la brochure, entendant l'orchestre d'une noce voisine, eurent le désir naturel de danser. M. Plon s'en aperçut, et s'empressa aussitôt d'organiser, à l'aide d'un orchestre improvisé, une petite sauterie qui prolongea, avec beaucoup d'entrain et de gaieté, la réunion jusqu'à près de minuit.

Nous n'ajouterons qu'un mot à cette relation, qui n'offre qu'un pâle reflet de la fête du 20 octobre 1877. A la spontanéité des ouvriers, la sollicitude des patrons avait répondu. Il n'est pas rare que des économistes s'usent à chercher la solution de ce qu'ils appellent le problème social, la question ouvrière. L'exemple que nous offrent les collaborateurs de MM. Plon et Cie, les relations si cordiales qui existent dans cette grande Maison entre tous les membres de la famille typographique, sont une réponse éloquente donnée aux philosophes et aux moralistes. Grâce à Dieu, la solution du problème ouvrier n'est pas introuvable : elle existe dans le respect héréditaire des uns, le dévouement et la justice des autres, la confiance de tous.

EXTRAIT

JOURNAL DE LA LIBRAIRIE

AR décret en date du 13 octobre 1877, rendu sur la proposition du ministre de l'agriculture et du commerce, M. Eugène Plon, imprimeur-libraire, ancien vice-président du Cercle de la librairie, a été nommé chevalier de la Légion d'honneur. Il pourra paraître opportun d'exposer sommairement les titres nombreux qui le désignaient depuis longtemps pour cette récompense et de rappeler avec quelle distinction il a su, pendant près de vingt-cinq ans, allier la pratique de son art à la profession de libraire et au culte des lettres.

A dix-sept ans, Eugène Plon débutait dans

l'imprimerie de son père; initié par ce grand maître à la composition typographique, à la conduite des presses mécaniques, il sut concilier l'étude du droit avec ces travaux techniques. Licencié en droit à vingt ans, il partit alors, à l'exemple de plusieurs d'entre nous, demandant à l'étranger un complément d'instruction professionnelle, et resta une année chez MM. Bradbury et Evans, à Londres. A son retour, vers 1859, son père lui confia la direction des travaux de sa Maison, dont il resta cependant jusqu'à son dernier jour le chef et l'inspirateur.

En 1862, nous voyons Eugène Plon prendre avec M. Firmin Didot une part active aux travaux d'une Commission officielle chargée de préparer un projet de loi pour réglementer la propriété littéraire et artistique et coordonner dans un code unique la législation spéciale; il fut secrétaire adjoint de cette Commission dont les procès-verbaux ont été publiés en 1863, et nous y trouvons le témoignage de l'utile concours qu'il lui a prêté.

Le souvenir des origines de la famille lui donna, quelques années plus tard, le désir de visiter le Danemark; l'amour inné des beaux-arts lui inspira la pensée de rechercher les traces du grand artiste Thorvaldsen; il consulta la mémoire de ceux qui avaient connu l'illustre sculpteur, leur demandant ces détails intimes et familiers qui complètent le tableau de sa vie et de son œuvre. Le succès qu'obtint le livre d'Eugène Plon, dans le monde des arts, a été consacré par deux éditions en France [1] et par cinq éditions en langues étrangères [2]; il a eu une portée inattendue de l'auteur en resserrant plus étroitement les liens de sympathie qui unissent le Danemark et la France.

En 1871, Eugène Plon prend, à côté de son père, une part considérable dans la publication de cette histoire politique et militaire de la guerre par les ambassadeurs, les ministres, les généraux et les amiraux qui ont eu la direction de la guerre (14 vol. dont un atlas).

Depuis 1872, date néfaste où Henri Plon fut enlevé à l'affection de ses confrères et de sa famille, Eugène Plon a dirigé, avec le concours de son beau-frère, Robert Nourrit, et de M. Perrin, ses associés, cette Maison à

[1] 1867, 1874.
[2] Boston, Roberts brothers, 1873; 2d american edition, Boston, 1874; London, R. Bentley, 1874; Firenze, G. Barbera, 1874; Wien, Gerold, 1874.

laquelle son père avait conquis un rang si élevé. Les efforts d'Eugène Plon se dirigèrent tout d'abord sur le développement de cette Bibliothèque des voyages, si heureusement commencée, sous l'inspiration de son père, par le livre du comte de Beauvoir, et où sont venus prendre place les récits du marquis de Compiègne, de MM. H. Havard, J. Garnier, Jurien de la Gravière, Lenthéric, Lenoir, vicomte de Vogüé, Vandal, Yriarte, etc., etc. D'autre part, il continue la grande série des publications historiques et littéraires avec *Marie Stuart*, le *Chevalier de Boufflers et madame de Sabran, Stanislas - Auguste Poniatowski et madame Geoffrin*, la *Vie d'un Patricien de Venise*, etc.

Parmi les publications illustrées, grands et petits ont apprécié ces livres où Bertall et Stop tiennent à la fois le crayon et la plume. Dans un genre plus instructif, citons *Amsterdam et Venise* de Henry Havard.

Comme publications ayant un caractère national, je rappellerai le *Musée des Archives nationales* et l'*Inventaire des richesses d'art de la France*.

Il me faut renoncer à énumérer bien d'autres publications de cette librairie, également soignées, où l'exécution matérielle est excellente. Je donnerai seulement le titre d'un second ouvrage d'Eugène Plon : *Le Sculpteur danois Bissen*, et je m'arrête pour rendre un juste hommage à son modeste et distingué collaborateur, Robert Nourrit, qui a créé cette nouvelle collection d'œuvres estimables du domaine de la littérature, parmi lesquelles il suffit de citer les *Romans* de Henry Gréville. Robert Nourrit a deviné le talent de cet écrivain ; le public lui a donné raison.

La récompense accordée par le ministre de l'agriculture et du commerce à l'ancien vice-président du Cercle de la librairie est justifiée par le soin pieux avec lequel il a continué les bonnes traditions typographiques de la maison paternelle, par ses importantes publications. Elle sera parfaitement accueillie par ses collègues de l'imprimerie et de la librairie ; elle honore nos professions dans la personne d'un de ses représentants les plus distingués et les plus sympathiques.

E. B^c.

PARIS. TYPOGRAPHIE DE E. PLON ET Cie

RUE GARANCIÈRE, 8.

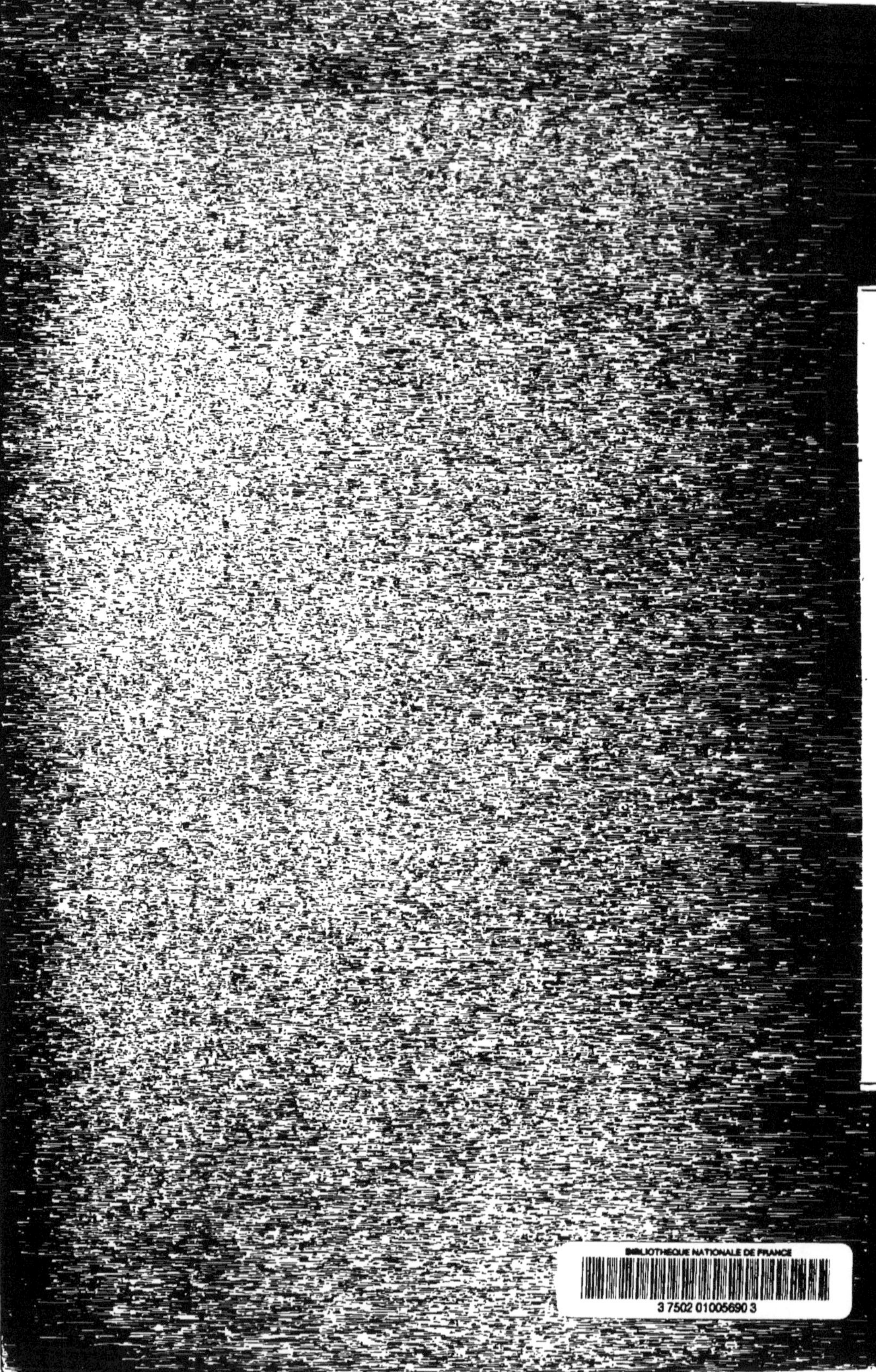

9 782014 459449